아침부터 성 안팎에서 한바탕 소동이 벌어졌어요.
물시계를 지키던 관리가 깜박 조는 바람에
문지기가 그만 성문을 늦게 열었지 뭐예요.

해시계는 밤에 시간을 알 수 없고,
물시계는 사람이 늘 지키고 서 있어야 하니,
이만저만 불편한 게 아니었어요.

'허어, 또 그런 일이 생기다니! 큰일이로다…….'
임금님은 백성들을 위해 자동으로 시간을 알려 주는 시계를 만들어야겠다고 마음먹었어요.

자동 물시계 자격루

김명희 글 ― 김동성 그림

푸른숲주니어

임금님은 뛰어난 발명가 장영실을 불렀어요.
"백성들을 위해 스스로 움직이는 물시계를 만들어 보아라."
"네, 전하! 명을 받자옵니다."

장영실은 밥을 먹을 때도, 길을 걸을 때도,
잠을 잘 때도 온통 물시계 생각뿐이었어요.
'어떻게 하면 백성들에게 시간을 자동으로 알릴 수 있을까?'
수많은 책을 읽으며 궁리에 궁리를 거듭했지요.

장영실은 골똘히 생각에 잠겨 있다가 스르르 잠이 들었어요.

"시, 시계! 자동 물시계를 만들어야 해!"

장영실이 잠꼬대를 했어요.

그때 희미한 불빛 속에서 쥐가 불쑥 튀어나왔어요.

이어서 소, 호랑이, 토끼, 용, 뱀, 말, 양…….

열두 동물이 차례로 나왔지요.

장영실은 열두 동물을 보자 무척 반가워했어요.
"아, 자동 물시계를 만들어야 하는데……. 너희가 도와줄 수 있니?"
"자동 물시계를 만들려면 시간 할아버지들을 만나야 해요."
"시간 할아버지라고?"
"시간 할아버지들을 만나기 위해선 시간의 산을 넘어야 해요. 그런데 그 산은 아무나 넘을 수 없어요."
"자동 물시계를 만들 수만 있다면 아무리 힘들어도 이겨 내야지. 나를 시간의 산으로 데려다주렴."
열두 동물은 고개를 끄덕이고는 선선히 앞장을 섰어요.

시간의 산은 봄, 여름, 가을, 겨울 네 개의 봉우리로 되어 있었어요.
산 앞에는 낡은 팻말이 서 있었지요.

해가 지기 전까지
네 개의 봉우리를 다 넘지 못하면
영원히 산속에 갇힐 것이다.

첫 번째 봉우리에서는 폭풍이 거세게 몰아쳤어요.
조금이라도 방심했다가는 바람에 휙 날아갈 것만 같았지요.

두 번째 봉우리에서는 온몸을 태워 버릴 듯이
따가운 햇살이 내리꽂혔어요.
그러다 갑자기 천둥 번개와 함께 거센 빗줄기가
세상을 쓸어 버릴 듯이 쏟아부었지요.

드디어! 저 멀리서 아득하게 '시간의 산' 꼭대기가 보였어요.
"우리는 여기까지만 도와 드릴 수 있어요. 이제부터는 혼자 가셔야 해요."
세 번째 봉우리 앞에서 장영실은 열두 동물과 작별 인사를 나누었어요.
이번에는 뾰족뾰족 가시밭과 울퉁불퉁 바위산이 펼쳐졌어요.
장영실은 숨을 헐떡이며 가시밭을 지나
끈기 있게 한 걸음 한 걸음 바위산을 올라갔지요.

마지막 봉우리는 꽁꽁 얼어붙어 있었어요.
겨우겨우 꼭대기에 거의 다다랐을 때,
난데없이 얼음 봉우리가 흔들리면서 바닥이 쩍쩍 갈라졌어요.
"도와주세요!"
장영실은 하늘을 향해 간절히 소리쳤어요.
그 순간, 바위틈에서 비죽 솟아나온 나무줄기가 보였어요!

"아!"
장영실은 눈부시게 아름다운 광경에 놀라 입이 딱 벌어졌어요.
드넓게 펼쳐진 하늘에 태양과 달과 별들이 한데 어우러져
신비롭게 반짝이고 있었거든요.

그때 거문고 소리가 은은하게 울려 퍼지더니
세 명의 시간 할아버지가 오색구름을 타고 나타났어요.
"무슨 일로 여기까지 찾아왔느냐?"

장영실은 얼른 땅에 엎드렸어요.
"임금님께서는 시간을 알 수 없어
어려움을 겪는 백성들을 가엾게 여기시어
제게 자동 물시계를 만들라는 명을 내리셨습니다.
부디 제가 그 뜻을 받들 수 있도록 도와주십시오."

"어진 임금과 너의 노력이 참으로 갸륵하구나.
세 가지 보물을 줄 터이니,
나라와 백성을 위해 자동 물시계를 만들어 보아라."
시간 할아버지들은 북과 징과 종을 하나씩 내놓았어요.

"북은 장엄한 기운으로 온 세상에 시작과 끝을 알리고,
징은 깊은 울림으로 삶의 갈피에서 액을 쫓고,
맑은 종소리는 우주의 문이 열리고 닫히는 때를 알릴 것이니……."
시간 할아버지들은 이 말을 남긴 채 스르르 사라졌어요.

장영실은 "꼬끼오!" 닭 울음소리에 놀라 눈을 번쩍 떴어요.
'북과 징과 종이라……. 그래!'
장영실은 크게 깨달았어요.
'이는 하늘의 뜻이 담긴 보물들이니,
자동 물시계를 만드는 데 큰 힘이 되겠구나!'
장영실은 몸가짐을 새로이 하고, 하늘에 감사의 큰절을 올렸어요.

장영실은 잠시 머리를 식히러 밖으로 나갔어요.
동네 아이들이 흙구슬로 구슬치기를 하며 신나게 놀고 있었지요.
장영실은 그 모습을 물끄러미 바라보다가 무릎을 탁 쳤어요!
'쇠구슬을 만들면 되겠구나.
열두 동물이 시각에 맞춰 탁탁 튀어나오고…….'

장영실은 크기가 서로 다른 항아리를 죽 늘어놓은 다음,
쇠구슬로 여러 가지 실험을 해 보았어요.
'마루 위에 물을 가득 채운 큰 항아리를 놓고,
대롱을 꽂아 댓돌 위의 항아리로 흐르게 한 뒤,
그 밑의 가장 작은 항아리로 또다시 흐르게 해서…….'

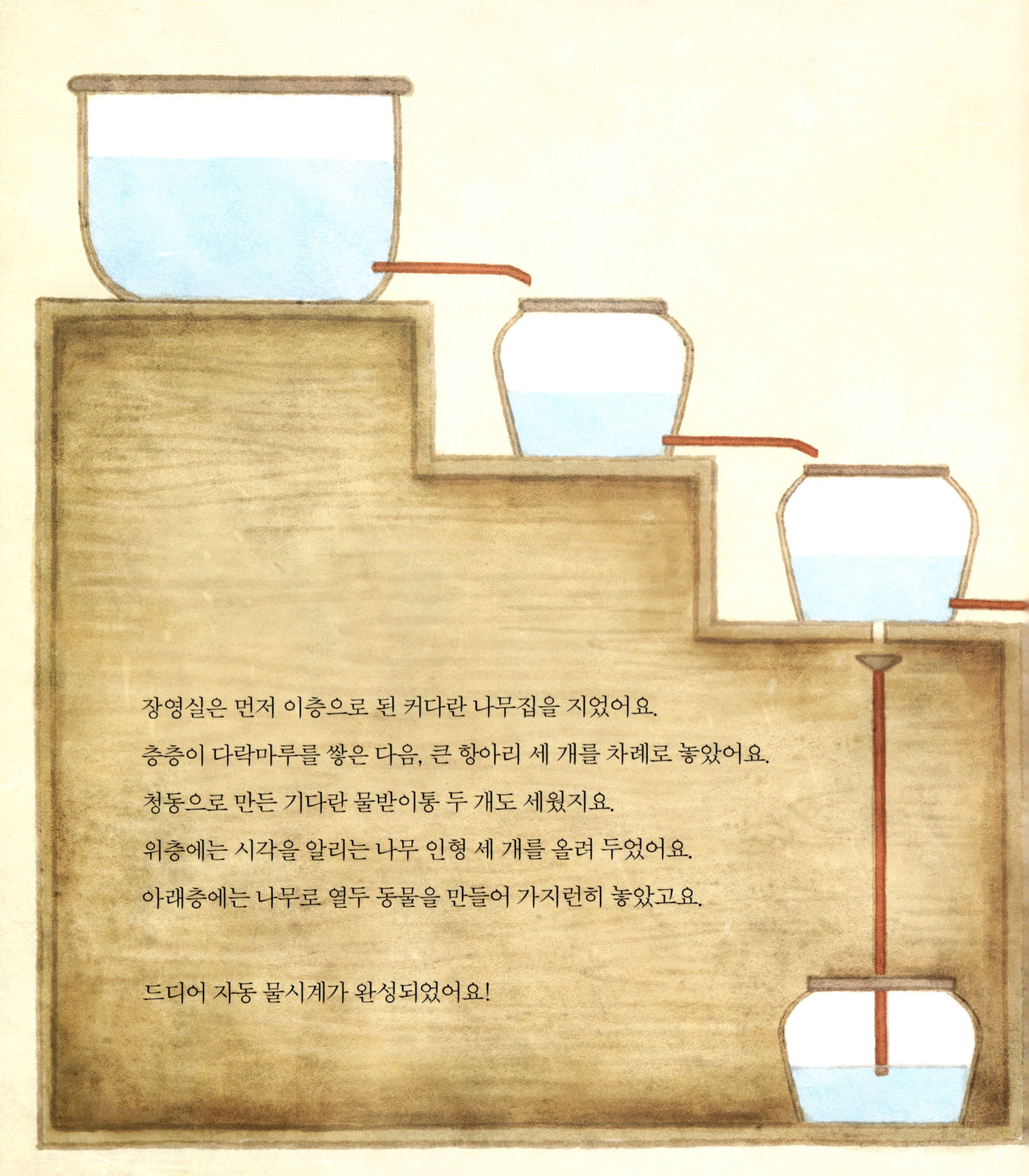

장영실은 먼저 이층으로 된 커다란 나무집을 지었어요.
층층이 다락마루를 쌓은 다음, 큰 항아리 세 개를 차례로 놓았어요.
청동으로 만든 기다란 물받이통 두 개도 세웠지요.
위층에는 시각을 알리는 나무 인형 세 개를 올려 두었어요.
아래층에는 나무로 열두 동물을 만들어 가지런히 놓았고요.

드디어 자동 물시계가 완성되었어요!

임금님은 자동 물시계를 보고 크게 기뻐했어요.
"마침내 조선만의 시계를 갖게 되었구나!
스스로 시간을 알려 주니 '자격루'라 부르겠노라."

'이 모든 것이 하늘의 도우심과
나를 믿어 주신 임금님의 너른 마음 덕분이구나.'
장영실은 감격 어린 손길로 시간 할아버지와
열두 동물의 모형을 어루만졌어요.

자격루에서 북과 징이 울렸어요.

그 소리를 듣고 보루각의 북지기가 둥둥둥 북을 쳤지요.

이윽고 성문지기가 큰 소리로 외쳤답니다.

"'인정'이오!"

사대문의 성문을 닫는 시각이에요.

곧이어 보신각에서 큰 종이 스물여덟 번 울렸어요.

백성들은 종소리를 듣고 집으로 가는 발걸음을 총총총 서둘렀지요.

이른 새벽에 자격루에서 북과 징이 울렸어요.

"'파루'요!"

보신각에서 큰 종이 서른세 번 울리고,

굳게 닫혀 있던 성문이 활짝 열렸어요.

새벽부터 성 안팎에서 기다리고 있던 사람들이

환한 얼굴로 발걸음을 재촉했어요.

● 자격루 더 알아보기 ●

천문 과학 기술이 화려하게 꽃피어난 세종 대왕 시대

옛날에는 농사가 나라의 기본 살림이었어요. 그래서 임금이 하늘을 살펴 농사에 필요한 때를 알려 주는 것은 매우 중요한 일이었지요.

하지만 조선 초기까지 우리나라에는 시간을 알려 주는 마땅한 도구가 없었어요. 하는 수 없이 중국의 달력을 가져다 썼는데, 우리나라의 실제 시각과 중국의 시각이 딱 맞지가 않아 불편한 점이 한두 가지가 아니었답니다.

백성들의 불편함을 보다 못한 세종 대왕은 조선의 실제 시각을 재기로 마음먹었어요. 그러기 위해서는 조선의 하늘을 관찰할 수 있는 천문 관측기구가 필요했지요. 세종 대왕은 장영실을 비롯한 세 명의 과학자를 중국 명나라에 보내 천문 기구에 대해 알아 오게 했어요.

과학자들은 세종 대왕의 든든한 지지에 힘입어 여러 천문 기구들을 만들었어요. 특히 장영실과 이천은 경복궁 경회루 북쪽에 '간의'라는 천문 기구를 만들어 놓고, 한양을 기준으로 한 절기와 시각을 계산해 냈지요. 훗날, 이를 바탕으로 '칠정산'이라는 달력까지 만들게 되었어요. 그 뒤로도 과학자들은 여러 종류의 천문 기구를 만들어 내면서 천문 과학 기술을 화려하게 꽃피웠답니다.

그 가운데서 가장 빛나는 것은 자동 물시계 '자격루'예요. 장영실이 만든 자격루 덕분에 백성들은 하루의 시작과 끝을 알게 되었거든요.

조선의 시간과 하늘의 수수께끼를 푼 과학자, 장영실

　장영실은 경상도 동래현 관아 기생의 아들로 태어났어요. 조선 시대에는 신분 제도가 매우 엄격했어요. 자식은 어머니의 신분을 따라야 했지요. 그래서 장영실은 아버지가 양반이었는데도 관청의 노비로 살아야 했답니다.
　장영실은 어렸을 때부터 낡고 못쓰게 된 병장기를 손질하거나 농기구를 편리하게 만드는 데 놀라운 솜씨를 보였어요. 가뭄이 심하게 들었을 때는 물레방아의 원리를 이용해서 만든 기구로 물을 논밭으로 끌어들여 농사를 짓는 데 큰 보탬을 주기도 했지요.
　장영실의 재능이 뛰어나다는 소문은 한양까지 퍼져 나갔어요. 신분과 관계없이 인재를 모으던 임금에게 발탁되어 궁궐에서 일하게 되었답니다.
　세종 대왕은 장영실이 노비 출신이라고 해서 업신여기지 않았어요. 오히려 명나라에 유학을 보내 앞선 과학 기술을 배우게 했지요. 유학에서 돌아온 뒤에는 신분의 한계를 벗어 버리고 일할 수 있도록 상의원 별좌 벼슬까지 내렸어요. 그 뒤 장영실은 세종 대왕의 믿음대로 수많은 일을 해내며 조선의 시간과 하늘의 수수께끼를 푼 과학자로 우뚝 서게 되었답니다.

장영실의 위대한 발명품

장영실은 명나라로 유학을 떠난 뒤 북경에 머물면서 천문 관측 기기의 원리와 구조를 살피고 연구했어요. 조선으로 다시 돌아온 뒤에는 '간의'를 만들어 조선의 정확한 위도를 재고, 이를 기준으로 각종 천문 관측 기기를 제작했답니다. 그 외에도 여러 분야에서 다양한 발명품을 만들어 냈어요.

간의

천체의 위치를 측정하는 천문 관측기구로, 오늘날의 각도기와 비슷하다. 1432년에는 나무로 만들었다가 천체 관측에 성공하자 구리로 다시 제작했다. 세종 대왕은 경복궁에 간의대를 설치하고, 세자와 함께 자주 천체를 관찰했다고 한다.

혼천의

1433년에 만들어진 해와 달, 수성, 금성, 화성, 목성, 토성의 움직임과 위치를 재는 천문 관측기구이다. 두 개의 추의 운동에 의해 움직이는 천문 시계로, 별자리의 움직임에 맞추어 하루에 한 바퀴씩 돌도록 만들어졌다.

앙부일구 (보물 845호)

우리나라 최초의 공중 해시계. 앙부일구는 오목한 솥단지 모양의 해시계라는 뜻이다. 솥단지 모양 안에 침을 세워 놓아 그림자의 길이에 따라 절기를 재고, 그림자 끝의 위치에 따라 시간을 알 수 있게 했다. 글자 대신 십이지신의 그림을 그려 넣어, 글자를 모르는 백성들도 알아보기 수월하게 했다.

측우기

1441년, 세자(조선 5대 임금인 문종)가 물통에 떨어지는 빗물을 보고 생각해 낸 것을 바탕으로 장영실이 만들었다. 측우기 원통에 빗물이 고이면 주척이라 부르는 자로 강수량을 재었다. 세계 최초로 알려진 이탈리아 과학자 카스델리의 측우기보다 이백 년 빨리 만들어졌다.

수표

하천의 물높이 변화를 측정하기 위해 청계천과 한강에 설치한 측정 기구이다. 비가 오면 하천의 물 높이가 올라가고, 가물면 물 높이가 내려가는 자연 현상을 이용했다. 처음에는 나무로 만들었다가 나중에는 돌기둥에 눈금을 새긴 뒤, 강을 가로지르는 다리 교각에 붙여 두었다.

 ## 자격루는 왜 만들었을까?

　조선 제1대 임금인 태조는 1395년에 한양으로 도읍을 옮긴 뒤, 2층 건물인 종루를 지어 큰 종을 걸고 백성들에게 시간을 알려 주었어요. 1398년(태조 7년)에는 물시계인 '경루'를 만들었는데, 이것이 조선 최초의 표준 시계예요. 그러나 '경루'는 시각을 알려 주는 관리들만 볼 수 있었어요.

　세종 대왕은 백성들의 불편함을 헤아리고 장영실에게 '경루'를 고쳐 '경점지기'를 만들게 했어요. 이 '경점지기'를 이용해 아침저녁으로 통행금지 시간을 백성들에게 알려 주었지요.

　'경점지기'는 밤낮으로 누군가가 옆에서 지키고 있다가 항아리 안에 떠오른 잣대의 눈금을 읽고 시간을 알려야 하는 불편함이 있었어요. 그러다 시간을 알려 주는 관리가 깜빡 졸거나 잠이 들기라도 하면 시간을 제때 알리지 못하는 일이 종종 벌어졌답니다.

　성문이 늦게 열리거나 닫히면서 백성들이 불편을 겪었고, 경점지기를 관리하는 사람들은 큰 벌을 받았어요. 세종 대왕은 이런 문제점을 해결하기 위해 장영실에게 스스로 시간을 알리는 물시계를 만들라고 했지요.

자격루의 구성과 작동 원리

자격루의 구성

1434년에 만들어진 자격루는 자동으로 시간을 알려 주는 자동 물시계로, 4개의 파수호와 2개의 수수호, 12개의 살대, 동력 전달 장치와 시보 장치로 구성되어 있어요.

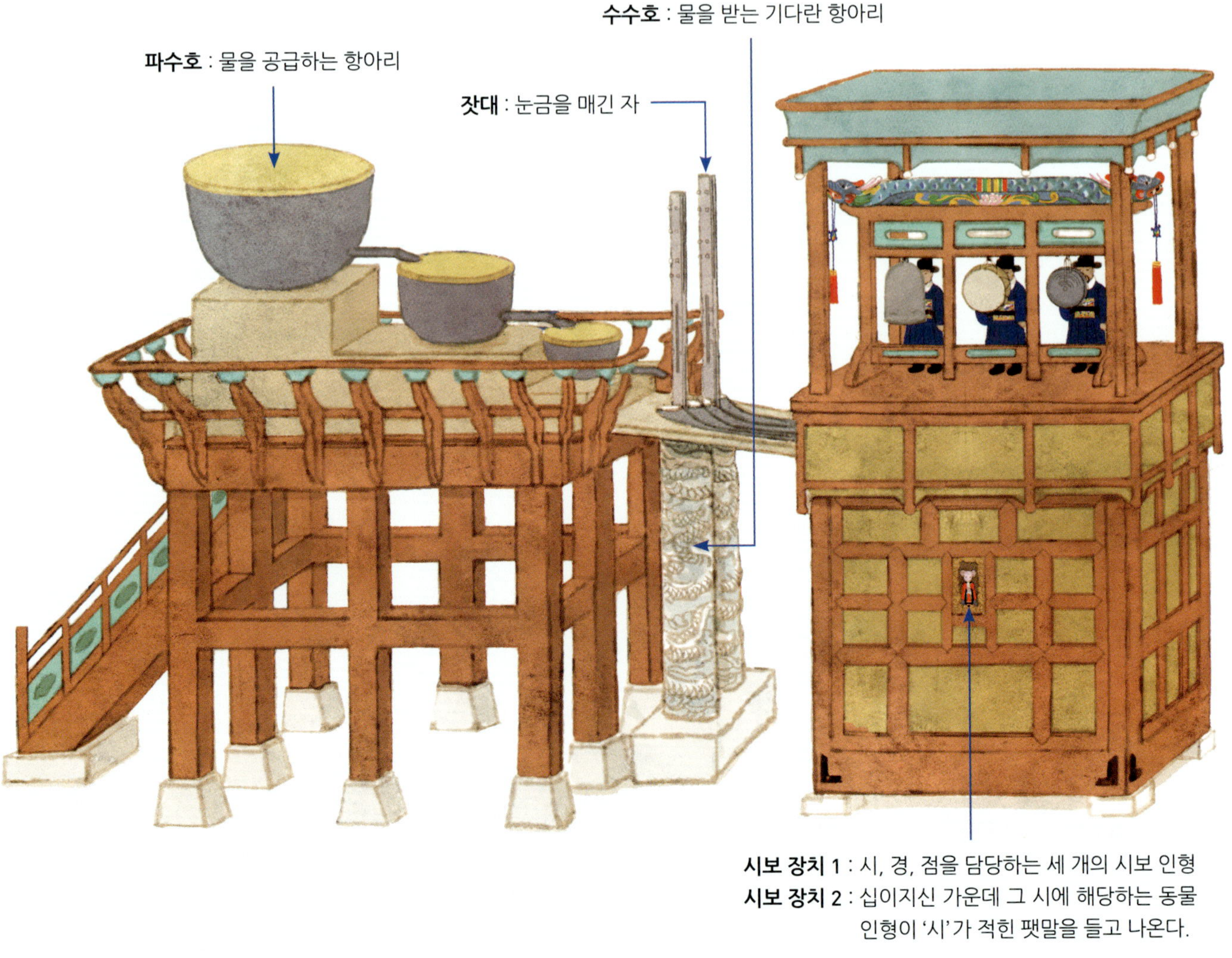

파수호 : 물을 공급하는 항아리

수수호 : 물을 받는 기다란 항아리

잣대 : 눈금을 매긴 자

시보 장치 1 : 시, 경, 점을 담당하는 세 개의 시보 인형
시보 장치 2 : 십이지신 가운데 그 시에 해당하는 동물 인형이 '시'가 적힌 팻말을 들고 나온다.

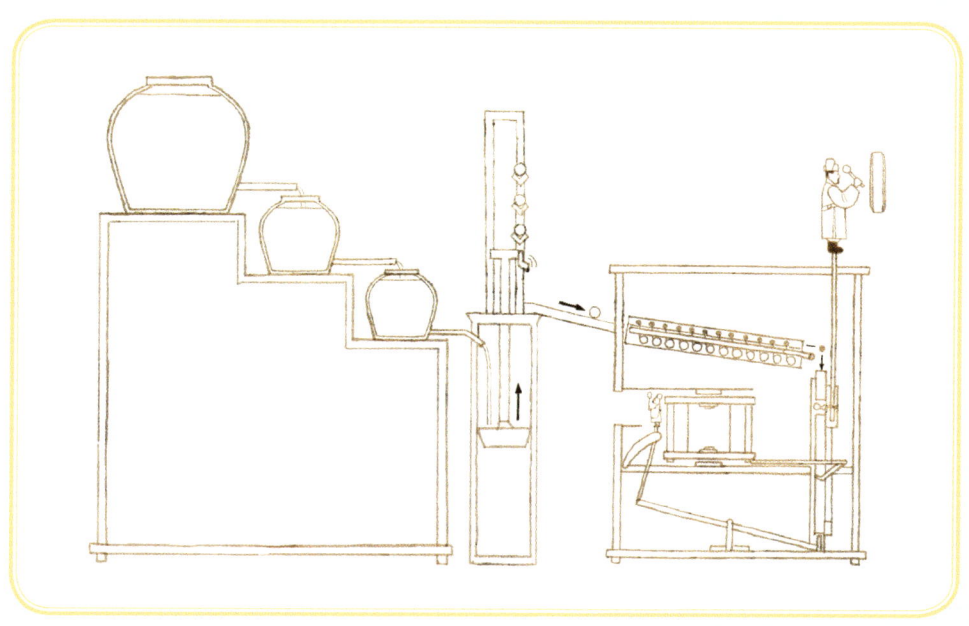

자격루의 작동 원리

1. 큰 항아리와 중간 항아리, 작은 항아리를 차례로 거쳐 물이 일정하게 흘러나온다.
2. 수수호에 물이 차오르면 잣대가 위로 떠오르면서 항아리 벽에 놓인 작은 구슬을 건드린다.
3. 작은 구슬이 시보 장치 상자로 굴러가서 큰 구슬을 건드린다.
4. 큰 구슬이 상자 안에서 움직이면서 상자 위쪽의 인형이 종과 북, 징을 울리고 팻말을 들어 올려 시간을 알려 준다. 이때 두 시간마다 울리는 종소리는 자시(밤 11시~오전 1시), 축시(오전 1시~3시), 인시(오전 3시~5시) 등의 십이지시를 알려 주고, 북소리는 하룻밤을 다섯 부분으로 나누어 초경(저녁 7시~9시), 이경(밤 9시~11시) 등 오경을 알려 준다.

　원래 시계는 지도층과 양반 계급에서만 사용하는 물건이었어요. 하지만 '자격루'의 탄생으로 조선은 커다란 변화를 맞이한답니다. 조선 고유의 치안 유지 제도인 성문을 여닫는 '인정'과 '파루'가 완벽하게 시행될 수 있게 되었거든요. 무엇보다 조선이 독자적인 시간을 가진 나라로 자리매김하게 되었지요.

지은이 김명희

이화여자대학교 국어 국문학과를 졸업하고, KBS 아나운서로 근무했습니다. 2000년에 동아일보 신춘 문예 동화 부문에 당선되면서 글을 쓰기 시작했으며, 어린이들을 위한 따뜻하고 아름다운 이야기를 짓고 있습니다. 지은 책으로는 《우리들의 광장》《울 언니가 결혼한대요!》《영자 아줌마네 양장점》《하회탈 쓰고 덩실》《동물원이 된 궁궐》《우리 집은 비밀 놀이터》《안성맞춤》《심봤다》《돌잔치》《유니콘과 소녀》《힘돌》《나는 네 수호천사야》와 일본에서 출간된 《나베시키》 등이 있습니다.

그린이 김동성

홍익대학교 미술대학 동양화과를 졸업했어요. 길벗어린이 작가 앨범 시리즈 중 하나인 그림책 《메아리》에 그림을 그려 많은 독자들에게 사랑을 받았으며, 그림책 《엄마 마중》으로 2004년에 백상출판문화상을 받았지요. 그린 책으로는 《삼촌과 함께 자전거 여행》《비나리 달이네 집》《나이팅게일》《간송 선생님이 다시 찾은 우리 문화유산 이야기》《하늘길》《날지 못하는 반딧불이》《우체통과 이주홍 동화나라》《책과 노니는 집》《들꽃 아이》 외 여러 권이 있답니다. 지금은 그림책을 비롯해서 광고와 카툰, 애니메이션 등 다양한 분야에서 활발하게 활동을 펼치고 있어요.

우리얼그림책 07
자동 물시계, 자격루

첫판 1쇄 펴낸날 2021년 8월 27일 | **3쇄 펴낸날** 2022년 5월 10일 | **지은이** 김명희 | **그린이** 김동성 | **발행인** 김혜경 | **편집인** 김수진 | **주니어 본부장** 박창희 | **편집** 길유진 진원지 강정윤 | **디자인** 전윤정 정진희 | **경영지원국** 안정숙 | **회계** 임옥희 양여진 김주연 | **인쇄** 신우인쇄 | **제본** 에이치아이문화사 | **펴낸곳** (주)도서출판 푸른숲 | **출판등록** 2003년 12월 17일 제2003-000032호 | **주소** 경기도 파주시 심학산로 10, 우편번호 10881 | **전화** 031)955-9010 | **팩스** 031)955-9009 | **홈페이지** www.prunsoop.co.kr | **이메일** psoopjr@prunsoop.co.kr | Text copyright ⓒ 김명희, 2021 | Illustrations copyright ⓒ 김동성, 2021 | ISBN 979-11-5675-311-7 (77810)

잘못된 책은 구입하신 서점에서 바꾸어 드립니다. 본서의 반품 기한은 2027년 5월 31일까지입니다.
KC 마크는 이 제품이 공통안전기준에 적합하였음을 의미합니다. 던지거나 떨어뜨려 다치지 않도록 주의하세요.